LE TEMPLE

DE

L'HUMANITÉ

Réorganiser sans Dieu ni Roi, par le culte systématique de l'Humanité.

PAR

Le Dr AUDIFFRENT

———◦✕◦———

Distribution gratuite

PARIS

IMPRIMERIE NOUVELLE (ASSOCIATION OUVRIERE)

11, RUE CADET, 11

—

1885

LE TEMPLE

DE

L'HUMANITÉ

Réorganiser sans Dieu ni Roi, par le culte systématique de l'Humanité.

PAR

Le Dʳ AUDIFFRENT

Distribution gratuite

PARIS

IMPRIMERIE NOUVELLE (ASSOCIATION OUVRIÈRE)

II, RUE CADET, II

—

1885

PRÉFACE

Réorganiser sans Dieu ni Roi, par le culte systématique de l'Humanité.

C'est à la suite d'un voyage à Londres, en octobre 1878, que je fus conduit à formuler mes idées sur le culte positiviste et sur l'utopie de la Vierge-Mère, qui en est le couronnement. Ce fut l'objet de deux lettres que j'écrivis, à mon retour en France, à M. Richard Congrève. Tout en cédant à l'impression profonde que j'avais éprouvée dans la petite chapelle positiviste de Londres, à la vue d'un assez grand nombre de personnes réunies dans une même communion, et inaugurant à leur manière le culte de l'Humanité, je ne vis pas moins un danger dans ces réunions. Elles pouvaient, tout au moins, me paraître prématurées, quand je songeais que le culte public doit supposer chez chaque croyant l'habitude du culte privé. Pour être, en effet, efficaces, les pratiques de tout culte public exigent que l'on y soit préparé par des effusions sentimentales auxquelles les prières quotidiennes peuvent seules disposer. C'est à cette condition que les formules, que suppose tout culte public, sont capables de susciter des émotions et de faire naître un véritable besoin de rapprochement. Sans une telle préparation, il est toujours à craindre que certaines pratiques cultuelles ne dégénèrent en pures déclamations et ne servent, en dernier lieu, d'aliment à la vanité. C'était l'opinion d'Auguste Comte; aussi détourna-t-il toujours ses disciples de toute tentative de culte public, bien convaincu qu'il était qu'aucun d'eux ne remplissait encore les conditions qui lui semblaient indispensables pour en tirer un véritable profit moral.

Tout en cédant aux profondes émotions qu'on éprouve si naturellement, en voyant se réaliser, même faiblement, ce qui est devenu l'objet de nos vœux, je n'ai pu me défendre d'un sentiment de crainte, en sortant de la petite chapelle positiviste, lorsque je songeais, dis-je, aux dangers signalés par Auguste Comte. Il y avait sans doute chez tous ceux que j'y voyais d'excellentes intentions, mais ces intentions pouvaient n'être pas suffisamment éclairées. Néanmoins, en réfléchissant sur les exigences du milieu britannique, il me sembla que ce qui eût été déplacé à Paris pouvait être toléré à Londres. Je crus même, qu'en raison de certaines habitudes protestantes, et surtout anglaises, il serait peut-être possible d'utiliser dans un tel milieu les pratiques publiques et d'en faire une sorte d'initiation au positivisme, vu les réactions morales qui se produisent chez ceux que rapproche une certaine communauté de foi.

L'article sur le temple de l'Humanité qu'on va lire, n'est que le développement des deux lettres que j'écrivis dans ce but à M. Congrève. Un discours à la façon protestante, des exhortations à bien faire, ne me parurent pas de nature à faire sentir la grande révolution que la doctrine nouvelle devait apporter dans les idées et dans les mœurs. Je crus qu'il fallait quelque chose de nouveau pour en montrer le véritable caractère. Mes méditations autant que mes conversations avec Auguste Comte, me suggérèrent cette ébauche de culte public ; elle me parut propre à résumer le positivisme et à préparer le couronnement de l'autel de l'Humanité.

Je me trompais évidemment dans mon appréciation du milieu anglais. Un mouvement esthétique, tel que l'exigeait la réalisation de mon ébauche, eût été certainement plus facile à obtenir à Paris, avec la mise en scène convenable, qu'à Londres, dans une population protestante, où l'utopie positiviste blessait de pudiques oreilles trop disposées à trouver l'image sous le symbole. Ensuite, n'était-ce point pour elles une sorte de retour vers le catholicisme, vers le culte encore conspué chez elle de la vierge des Croisés. La qualification de catholicisme humain, dont on s'était servi pour désigner la religion de l'Humanité, pouvait cependant laisser supposer d'autres dispositions à l'égard de la dernière conception d'Auguste Comte. Aussi, quel ne fut point mon étonnement lorsque le chef de la petite église anglaise me reprocha, plus tard, d'avoir, dans mon opuscule *Le Positivisme des derniers temps*, mis en si grand relief la vierge-mère du grand novateur et me déclara que, tout en acceptant l'utopie positiviste, il lui semblait plus prudent de n'en parler que progressivement dans la crainte de blesser certaines susceptibilités britanniques. C'était donc subordonner le développement du positivisme aux convenances anglaises, alors qu'Auguste Comte, dans une lettre que j'ai cru devoir reproduire à la fin de mon opuscule, me recommandait spécialement de présenter désormais sa doctrine sous son utopique résumé.

Je me trouvais donc, après une scission à tous égards regrettable, provoquée principalement par M. Congrève lui-même, en présence d'une nouvelle déviation restée jusque-là latente. Elle ne présentait pas, cependant, les mêmes dangers que celle où M. Laffite avait jeté le positivisme, bien que celle-ci en respectât mieux la lettre. L'une, toute cultuelle, n'aboutissait qu'à des déclamations sans portée bien inférieures à ce qu'on entend journellement dans les temples de l'Eglise anglicane ou presbytérienne ; l'autre altérait profondément la sentimentalité du dogme (1).

Obligé de me séparer du milieu britannique, mon rôle, en présence de cette autre déviation, qui ne sera peut-être pas la dernière, se trouvait tout tracé : je devais désormais me contenter de protester, avec ceux qui m'entouraient, contre tout ce qui me semblait sortir des voies et attendre que d'autres temps ramenassent le positivisme à ses véritables traditions.

C'est une histoire déjà bien tourmentée que celle du positivisme, considérée depuis les premiers travaux du fondateur jusqu'à nos jours. Il est bon, ne serait-ce que pour l'édification de la postérité, de l'exposer sommairement. L'occasion de le faire se présente naturellement ici.

On sait que c'est aux savants que s'adressa d'abord Auguste Comte, lorsqu'il eut montré l'épuisement radical de la vieille direction spirituelle qui est encore officiellement acceptée, et qu'il eut ébauché celle qui était destinée, dans sa pensée, à la remplacer,

Le positivisme naissant lui semblait ne pouvoir obtenir dans le milieu scientifique, qu'un accueil favorable. C'est dans cette espéranc qu'il fonda, jeune encore, la Société polytechnique. Il put croire un instant avoir touché au but, puisque les premiers auditeurs des conférences qu'il y donna comptaient parmi eux les plus grandes illustrations scientifiques de l'époque. Broussais, Blainville, Humbolt, Fourier (le géomètre), étaient de celles-là. Un grand industriel du temps, un ministre même, s'intéressèrent aux débuts du jeune philosophe. C'était, il est vrai, sous la Restauration, le régime des appétits et des intérêts n'avait pas encore prévalu.

Mais, après l'explosion bourgeoise de 1830, lorsqu'on commença à entrevoir les exigences de la situation sociale, qui se dessinait déjà, les savants, un instant ébranlés, se replièrent sur eux-mêmes et bientôt leur chef officiel, un physicien, M. Arago, déclara

____

(1) Depuis que ceci a été écrit, M. Congrève a fait sa soumission à M. Laffitte.

qu'il ne connaissait au jeune novateur aucun titre scientifique, ni grand ni petit.

La philosophie positive reçut un accueil en apparence plus favorable en Angleterre, chez quelques publicistes plus avides de nouveautés que de vérités. Malgré les plus grandes protestations de dévouement à l'auteur, ils ne s'éloignèrent pas moins de lui, lorsqu'ils eurent acquis la certitude que la nouvelle doctrine n'était point un délassement philosophique destiné à charmer leurs loisirs ou à fournir une pâture à leurs lecteurs.

En France, malgré la retraite ou le dédain des savants, le positivisme sembla cependant reprendre quelque faveur. Il fut mieux accueilli, chez certains lettrés, voltairiens ou sceptiques, que séduisit l'exposition des lois sociologiques. Ils se sentirent heureux de pouvoir enfin arracher à la théologie le domaine social et moral. C'étaient des sceptiques, disons-nous; ils étaient d'avance déchaînés contre toute restauration religieuse.

Aussi leur engouement fut-il de courte durée, lorsque, après l'achèvement de son œuvre fondamentale, le grand novateur, revenant au programme de sa jeunesse, eut annoncé que l'ère philosophique était close, que celle de la religion allait enfin s'ouvrir. Nous ne rappellerons pas les tristes phases d'une déplorable lutte, à laquelle se mêla pour son éternelle honte, un personnage trop connu, M. Littré.

Quand l'incomparable penseur, poursuivant invariablement sa mission, eut enfin fondé sa religion, il fallut un couronnement à son œuvre. L'autel de l'Humanité restait encore sans idole. La Vierge immaculée qu'il y éleva terrifia les plus fidèles, sans excepter le prétendu directeur actuel du positivisme.

Au point où en était arrivé le développement de la nouvelle foi, lorsque tonnait encore la grande voix du maître, il n'était pas besoin d'un grand effort à un esprit bien préparé, pour convenir de la nécessité d'une religion. Voltaire lui-même l'avait proclamée : Si vous avez une bourgade à gouverner, avait-il dit, il faut qu'elle ait une religion (dict. philos. art. religion). On accepta donc la religion de l'Humanité, et, le premier moment d'étonnement passé, on se familiarisa même avec la conception utopique où le positivisme venait se condenser. On s'abstint toutefois d'en parler.

Cependant, tout changea bien vite de face quand une mort inattendue, prématurée, vint investir de la propagande du positivisme ceux qui n'avaient pas encore eu le temps de se reconnaître au milieu d'une succession prodigieuse d'aperçus nouveaux, et qui ne connaissaient, pour ainsi dire, que de nom les grandes innovations qui marquèrent les dernières années d'une existence sans pareille. Une respectueuse déférence pour une sainte mémoire ne pouvait évidemment suffire pour élever chacun à la hauteur de la tâche qui lui incombait. Comme au fondateur lui-même, il fallait, en effet, pour se mettre en situation des ardeurs religieuses, un certain enthousiasme et des dispositions sentimentales qui n'étaient guère dans la nature de la plupart de ses disciples et surtout de celui qu'ils placèrent à leur tête contre la volonté formellement exprimée d'un auguste testateur.

Le voile qu'on jeta à la mort du maître, sur sa conception finale, voile qu'on ose à peine soulever, couvrait bien des déceptions. On peut le dire, l'œuvre du grand novateur n'a pas été continuée et celui dont on a voulu faire un successeur, en a peut-être moins que tout autre compris le véritable caractère.

Nous devons maintenant nous poser une question. Que serait-il advenu de ces disciples, qui suivaient déjà de si loin le maître, si la mort n'était venue le surprendre quand on s'y attendait le moins? Auraient-ils à leur tour abandonné celui dont pas un d'entre eux, soit dit en passant, n'osait soutenir le regard, tant était grande la distance qui les séparait de lui.

On ne peut le penser, mais il est plus que probable qu'ils se seraient enfermés dans un prudent et respectueux silence et qu'ils l'auraient laissé à ses travaux, à ses nouveaux projets, sans pouvoir lui offrir un concours qui eut réclamé de leur part, non seuement des convictions, mais ce qui n'était pas en eux, nous l'avons dit, de l'enthousiasme et des ardeurs religieuses.

Auguste Comte ne se faisait d'ailleurs aucune illusion sur ceux qui l'entouraient. Nous avons dit ailleurs quel jugement, sur son lit de mort, il portait sur celui qu'on veut encore lui donner pour continuateur. Les événements, j'ose le dire, n'ont en rien infirmé ce jugement. L'exaltation sentimentale et les nouvelles habitudes mentales que réclamait l'installation du positivisme, n'étaient certes pas à attendre de lui, pas plus, d'ailleurs, que de la plupart des disciples de la dernière heure, ainsi que l'a prouvé leur désertion. Leur origine et leurs dispositions essentiellement révolutionnaires ne s'y prêtaient guère. Aussi pouvons-nous affirmer qu'un changement de milieu se serait effectué du vivant même du maître, s'il eût pu procéder, comme il l'espérait, au couronnement de son œuvre et donner à certains projets tout le développement qu'ils comportaient.

Les dernières paroles de l'auguste mourant, que nous n'avons pas été seul à recueillir, ne peuvent laisser aucun doute à cet égard. Le positivisme au point où il en est arrivé, aimait-il à nous dire, n'a pas grand chose à attendre des natures qui n'ont pu se dépouiller de leur passé révolutionnaire; en présence des passions subversives que nous voyons déborder de toutes parts, il faut que mes vrais disciples en prennent leur parti, car la société va bientôt se partager en deux camps, d'un côté vont se trouver ceux qui ont une religion, ou en sentent la nécessité, et d'un autre, ceux qui n'en ont point, ou n'en veulent point avoir.

Dans sa pensée, une ligue religieuse analogue à celle du seizième siècle ne pouvait manquer de se produire, et il avait tout préparé pour la mener à bonne fin. Si la première, disait-il, fut dirigée contre le protestantisme, qui, sous prétexte de liberté de conscience, menaçait les grandes traditions humaines, la seconde le sera contre la révolution, qui dépasse le but après avoir neutralisé un excès de théologisme.

La présidence d'une telle ligue revenait naturellement au positivisme, qui devait en poser les bases en réclamant d'abord une pleine séparation entre le spirituel et le temporel. L'État mieux inspiré, revenant à une meilleure appréciation d'une situation fort complexe, devait la favoriser en supprimant les budgets, théologique, métaphysique et scientifique. Faut-il rappeler que, pour arriver à ce dernier résultat, Auguste Comte fit commencer à Rome des négociations auprès du chef des Ignaciens. Parmi les catholiques, en raison de leur indépendance financière, c'étaient les seuls qui lui paraissaient susceptibles de comprendre l'utilité et la portée d'une telle mesure. Ces négociations restèrent suspendues à la suite d'une mort prématurée. Nous devons dire en passant qu'elles furent aussi favorablement accueillies qu'elles pouvaient l'être. L'Appel aux Ignaciens Régénérés qu'avait projeté Auguste Comte aurait mieux précisé sa pensée à cet égard.

Les ouvertures aux Jésuites, qui ne furent un mystère pour personne, ont naturellement paru bien étrange au parti démocratique; mais ce parti ne peut apprécier les changements survenus depuis l'explosion finale du dix-huitième siècle dans la marche des choses et des idées. La fondation du positivisme, qui assure désormais le mouvement progressif de la civilisation, et rend impossible tout retour vers le passé, lui enlève désormais toute véritable utilité sociale. Il a cessé de présider au progrès, et ne peut qu'entretenir désormais une dangereuse agitation. Il n'y a donc plus à tenir compte de son opposition, pas plus d'ailleurs que de ses prétentions gouvernementales. Il méconnaît, en effet, autant les conditions de la stabilité sociale que les lois qui président à la marche de l'évolution humaine. Les fautes de ses adversaires entretiennent seules le crédit dont il jouit encore auprès des masses.

Ceux qui voudront réfléchir sur les considérations que nous

venons de présenter, se convaincront aisément que la scission survenue, il y a quelques années, entre les derniers disciples d'Auguste Comte, était pour ainsi dire chose fatale, et devait résulter à la fois de la diversité de leur nature et des exigences mêmes d'une doctrine, qui, pour répondre à nos véritables aspirations mentales et morales, devait s'affranchir autant de la science que de la théologie et de la métaphysique. Une telle scission se serait opérée silencieusement, comme nous l'avons dit, du vivant même du maître, mais, après la catastrophe finale, le nombre devait l'emporter. Aussi, malgré les avertissements formels d'un testament resté pour cela, jusqu'à ce jour, inédit (1), s'est-on trouvé entraîné dans une véritable déviation intellectuelle.

Les fatalités sociales qui ne peuvent tarder, comme nous l'avons dit, à amener la répartition de notre malheureuse société entre ceux qui sentent la nécessité d'une religion et ceux qui se flattent de n'en point avoir, se chargeront de mettre fin à un état de choses qui n'a sa raison d'être que dans l'indifférence du vrai parti conservateur à l'égard du positivisme.

La marche progressive de l'anarchie contemporaine, l'aggravation continue du péril social, triompheront prochainement de cette indifférence et ne tarderont pas à convaincre toutes les vraies natures gouvernementales que les vieilles doctrines auxquelles elles ont jusqu'ici demandé leur investiture, sont définitivement épuisées, et qu'elles deviennent même compromettantes pour tout ce qu'on veut consacrer en leur nom. Il n'y a donc rien de chimérique à espérer qu'un rapprochement sérieux puisse s'effectuer entre les conservateurs émancipés et les propagateurs de la seule croyance qui puisse désormais arrêter les débordements anarchiques. L'ébranlement de la masse féminine, menacée de plus en plus dans ses aspirations par les sophismes révolutionnaires, auxquels elle a été jusqu'à ce jour réfractaire, hâtera naturellement le moment d'un tel rapprochement. Il amènera au sein du positivisme une salutaire réaction en faveur des traditions délaissées et du sentiment méconnu par ses propagateurs actuels.

---

(1) Le testament a été enfin publié tout récemment.

Des événements bien graves sont survenus dans le milieu positiviste, depuis que ces pages ont été écrites. M. Finance a donné sa démission de président de la Société positiviste, ne voulant pas sans doute marcher plus longtemps avec ceux dont les agissements pouvaient le compromettre auprès de ses amis du prolétariat parisien ; un groupe nombreux de Brésiliens et de Chiliens s'est séparé du directeur du positivisme dont il reconnaît enfin la funeste déviation ; en Angleterre, le principal patron financier de M. Laffitte, M. Harrisson, déclare, dans une réponse à M. Herbert Spenser, qu'il est obligé de reconnaître que l'œuvre d'Auguste Comte est pleine d'utopies ; enfin, et c'est sur sur ce fait qu'il importe d'appeler plus spécialement l'attention, les propres partisans du prétendu continuateur d'Auguste Comte viennent de se diviser entre eux. Quoique la santé de M. Laffitte soit toujours prospère, ce dont nous le félicitons, une discussion s'est engagée sur sa disparition éventuelle, et les deux partis ont présenté chacun un candidat à sa succession. A ces partis nous pourrions rappeler qu'Auguste Comte, sur son lit de mort, ne voyait parmi ses disciples personne qu'il pût charger de sa lourde succession, y compris M. Laffitte. Eût-il été plus heureux de nos jours et trouverait-il un continuateur parmi ceux qui aspirent si impatiemment à lui succéder ? C'est la question que nous devons leur poser. Par quels services, par quels travaux se recommandent-ils en effet à la confiance de leurs coréligionnaires ?

Qu'on nous permette de reproduire ici ce que nous disions naguère dans une circulaire exceptionnelle : « Malgré la diversité de leurs dispositions, si les disciples d'Auguste Comte avaient mieux connu sa pensée, s'ils avaient pu mieux apprécier ses recommandations dernières, ils auraient sans doute évité les écueils contre lesquels ils sont venus se briser. Auguste Comte ne s'était pas seulement contenté de dire qu'il ne voyait parmi eux personne qu'il pût charger de sa lourde succession, il avait formellement dit qu'il fallait tout laisser aux libres efforts de chacun et qu'un chef insuffisant serait plus à redouter que l'absence de chef. C'était une invitation à laquelle il eût fallu se conformer et qui, malheureusement, n'était connue que de quelques rares lecteurs de sa *Politique*. D'ailleurs, par une série de conseils et de dispositions testamentaires, il avait en quelque sorte réglé l'*interim* qui allait fatalement s'ouvrir à sa mort. Il est bon de les rappeler :

« Ses exécuteurs testamentaires, sous la présidence du plus ancien d'entre eux, M. P. Laffitte, devaient veiller à la conservation de son domicile et assurer de la sorte un siège à la propagande de sa doctrine.

« La Société positiviste, sous la présidence d'un prolétaire, M. Magnin, devait, conformément à l'esprit qui avait présidé à sa fondation, servir de centre de ralliement et fournir à nos gouvernants des conseils et des solutions, ainsi qu'elle l'avait fait en 1848. En plaçant un prolétaire à sa tête, Auguste Comte voulut la préserver de la prépondérance qu'aurait pu y acquérir un lettré ou un érudit quelconque. Dans ces conditions, l'action ultérieure du positivisme se trouvait préservée de toute discontinuité jusqu'à l'avènement d'un successeur, et la propagande religieuse était laissée plus particulièrement à l'initiative des disciples théoriques qu'il avait désignés dans son testament.

« Un préjugé littéraire contient toutes ces sages dispositions. Sans tenir compte des conseils du maître, que la plupart ignoraient d'ailleurs, on voulut se donner un chef, et ce fut le plus instruit qu'on choisit naturellement. »

Nous recommandons ces lignes à ceux qui veulent, de nos jours, donner un successeur à M. Laffitte. Sa démission comme directeur du positivisme, nous le redisons encore, est la seule chose qu'on doive aujourd'hui désirer. Elle placerait le positivisme dans la voie qu'il lui convient désormais de suivre et mettrait fin au désaccord qui règne parmi ses propagateurs actuels. Comme président des exécuteurs testamentaires d'Auguste Comte, M. Laffitte se trouverait dans une situation plus conforme à sa véritable nature et pourrait continuer à faire bénéficier ses coreligionnaires du fruit de son immense érudition. C'est le conseil que nous lui avons donné, il y a quelques années ; c'est celui que nous lui donnons encore. Ni lui ni ses partisans ne sauraient encore invoquer, comme à une autre époque, la nécessité de l'union. Cette union n'existe plus depuis longtemps et l'obstination que met M. Laffitte à conserver une direction qu'il n'a jamais exercée ne peut qu'aggraver les suites d'une faute dont nous devons lui laisser toute la responsabilité.

LE TEMPLE DE L'HUMANITÉ

Le temple de l'Humanité est, comme on le sait, situé dans le bois sacré, au milieu des tombes d'élite. C'est un immense vaisseau, flanqué à son extrémité postérieure de deux grands bâtiments affectés au logement du personnel sacerdotal et aux cours destinés à l'initiation théorique des jeunes disciples de l'Humanité. Dans ce dernier bâtiment se trouvent des amphithéâtres pour l'enseignement et les collections scientifiques. L'édifice, en y comprenant ses deux annexes, a la forme d'un T, dont la branche verticale est très allongée. Le vaisseau central, qui constitue le temple, est pourvu de quatorze chapelles latérales. Le chœur se termine en hémicycle et l'édifice est surmonté, vers son tiers postérieur, d'une vaste coupole, que couronne la statue de l'Humanité. Les chapelles latérales sont consacrées aux treize grands types du calendrier concret, sauf la dernière, la plus rapprochée du chœur, qui est affectée aux saintes femmes, sous la présidence d'Héloïse, que le moyen âge a honorée et que la postérité sanctifiera, en complétant le jugement du passé.

Au milieu du chœur, qui est séparé par une balustrade du reste de l'édifice, se trouve une aire elliptique, dont le grand axe est perpendiculaire à l'axe du temple. Elle est surmontée des treize grands types du calendrier concret. Saint Paul, personnifiant la religion, est au centre de cette aire, qui s'élève sur sept assises, consacrées aux sept degrés de la hiérarchie scientifique. Des figures emblématiques en bas-relief ornent ces diverses assises. On arrive

sur cette aire par des degrés disposés perpendiculairement à la direction de son petit axe. Treize autres degrés
permettent de passer de cette première aire à une aire
terminale, où se trouve la statue de l'Humanité, qui domine de la sorte, d'une très grande hauteur, l'ensemble
du vaisseau central. Ces treize degrés sont consacrés aux
treize mois du calendrier abstrait; les quatre premiers,
aux fonctions normales, les trois suivants, aux états préparatoires et les six autres aux liens fondamentaux.

Chacun de ces treize degrés est orné de figures symboliques. L'échelle ascensionnelle qu'ils forment, est divisée
en trois parties par deux aires également elliptiques. La
première, qui succède aux fonctions normales, est surmontée d'un groupe qui personnifie ces diverses fonctions. D'un côté, à droite, se trouve un prêtre de l'Humanité (la providence intellectuelle); en avant, un peu
sur le côté, est un patricien (la providence matérielle);
de l'autre côté, une femme (la providence morale), ayant
derrière elle un prolétaire (la providence générale). La
femme présente au prêtre de l'Humanité un jeune enfant
de quatorze ans qu'elle a préparé à l'initiation théorique.
La seconde aire, celle qui vient après les trois états préparatoires, est surmontée d'un second groupe. A gauche,
le fondateur de la religion de l'Humanité, revêtu d'habits
pontificaux, condensant en sa personne l'évolution abstraite de notre espèce. Il tient un représentant de la race
noire de la main gauche, pour indiquer l'incorporation
du fétichisme au positivisme, et de la droite, il invite un
personnage placé vis-à-vis de lui à s'élever jusqu'à la
statue de l'Humanité. Ce personnage, qui représente la
théocratie primitive, a derrière lui un autre personnage
appartenant à la race jaune, digne représentant du mouvement fétichique exceptionnel propre à un tiers de notre
espèce. Les deux mouvements théocratique et fétichique,
que ces deux types représentent, vont ainsi se fondre
dans l'évolution abstraite de la race blanche, qui absorbe
finalement les diverses évolutions concrètes. Tel est l'autel de l'Humanité. L'art se chargera de compléter ces
indications générales. *(Voir le tableau ci-contre.)*

TABLEAU SOCIOLATRIQUE

RÉSUMANT EN 81 FÊTES ANNUELLES

l'adoration universelle de l'HUMANITÉ

L'Amour pour principe, l'Ordre pour base, et le Progrès pour but.

Vivre pour autrui (la Famille, la Patrie, l'Humanité.)

LIENS FONDAMENTAUX

1er Mois. **L'Humanité** ......
- 1er Jour de l'année. Fête synthétique du Grand-Être.
- Fêtes hebdomadaires de l'Union sociale.
  - religieuse.
  - historique.
  - nationale.
  - communale.

2me Mois. **Le Mariage** ......
- complet.
- chaste.
- inégal.
- subjectif.

3me Mois. **La Paternité** ....
- complète ... { naturelle. / artificielle.
- incomplète .. { spirituelle. / temporelle.

4me Mois. **La Filiation** ..... *Mêmes subdivisions.*
5me Mois. **La Fraternité** ... *Idem.*

6me Mois. **La Domesticité.**
- permanente. { complète. / incomplète.
- passagère .. *Même subdivision.*

ÉTATS PRÉPARATOIRES

7me Mois. **Le Fétichisme** ..
- spontané ... { nomade. (*Fête des Animaux.*) / sédentaire. (*Fête du Feu.*)
- systématique { sacerdotal. *Fête du Soleil.*) / militaire. (*Fête du Fer.*)

8me Mois. **Le Polythéisme** (*Salamine*)
- conservateur (*Fête des Castes*)
- intellectuel.. { esthétique. (*Homère, Eschyle, Phidias.*) / théorique. (*Thalès, Pythagore, Aristote, Hipparate, Archimède, Appolonius, Hipparque.*)
- social ...... (*Scipion, César, Trajan.*)

9me Mois. **Le Monothéisme**
- théocratique. (*Abraham, Moïse, Salomon*)
- catholique .. { (*Saint Paul.*) / (*Charlemagne.*) / (*Alfred.*) / (*Hildebrand.*) / (*Godefroi.*) / (*Saint Bernard.*)
- islamique .. (*Lépante*) (*Mahomet.*)
- métaphysique { (*Dante.*) / (*Descartes.*) / (*Frédéric.*)

FONCTIONS NORMALES

10me Mois. **La Femme** ....
Providence morale.
- mère.
- épouse.
- fille.
- sœur.

11me Mois. **Le Sacerdoce** ...
Providence intellectuelle.
- incomplet... (*Fête de l'Art.*)
- préparatoire. (*Fête de la Science.*)
- définitif .... { secondaire. / principal. (*Fête des Vieillards.*)

12me Mois. **Le Patriciat** .....
Providence matérielle.
- banque (*Fête des Chevaliers.*)
- commerce.
- fabrication.
- agriculture.

13me et dernier mois. **Le Prolétariat.**
Providence générale.
- actif. (*Fête des Inventeurs : Guttemberg, Colomb, Vaucanson, Watt, Montgolfier.*)
- affectif.
- contemplatif.
- passif. (*Saint François d'Assise.*)

Jour complémentaire.......... Fête universelle DES MORTS.
Jour bissextile .... Fête générale des SAINTES FEMMES.

Je tiens d'Auguste Comte lui-même tous les détails que je donne ici sur le temple et sur l'autel de l'Humanité, sauf ce qui a rapport aux deux groupes placés sur l'échelle ascensionnelle. En remarquant que le fondateur de la religion de l'avenir ne figurait pas parmi les grands types destinés à la glorification du passé, je crus devoir lui proposer de placer en avant de la statue de l'Humanité, sur la même aire, le dernier groupe que je viens de décrire. Sur son observation qu'un pareil groupe ne pouvait représenter que le passé, c'est-à-dire une partie seulement de l'évolution humaine, et que la position que je lui donnais était en conséquence trop prépondérante, je fis descendre ce premier groupe sur l'aire qui succède aux états préparatoires. Mais cette première coupure de l'échelle ascensionnelle en réclamait une seconde, qui était naturellement indiquée par le calendrier abstrait. C'est ainsi que je fus conduis en dernier lieu à la conception du groupe propre aux liens fondamentaux. Nous espérons que ces détails ne seront pas déplacés ici.

Pénétrons maintenant par la pensée dans le temple, un jour de fête. Il ne dépend que de nous d'assister avec nos petits-neveux à la grande cérémonie du dimanche matin.

Dans l'antiquité le culte consistait dans le sacrifice. Il était offert à une divinité quelconque; il pouvait être privé ou public. Il faut remonter jusqu'au fétichisme primitif pour trouver la justification du sacrifice. C'était vraisemblablement à un fétiche animal qu'il était offert, lequel se nourrissait de la victime immolée. Le polythéisme ne fit que suivre l'impulsion donnée.

Le monothéisme musulman a conservé le sacrifice en certaines circonstances exceptionnelles. C'est encore le sacrifice qui reste l'âme du culte chrétien; mais il a changé de caractère. Jadis, c'était à attendrir une divinité qu'il était destiné. Ici, c'est une divinité qui s'offre en sacrifice pour le salut de tous. Par son immolation chacun est rendu participant à sa nature et doit se préparer par la prière à recevoir les grâces qui découlent d'une telle faveur. La prière devient ainsi une véritable culture morale, impliquant naturellement un enseignement qui s'étendra à l'ensemble des fidèles. Pour répondre aux exigences d'une telle inversion, d'extérieur qu'il avait été jusqu'alors, le culte deviendra intérieur et réclamera de vastes édifices. Le culte antique, comme on le sait, s'accomplissait le plus souvent en plein air ou sous le portique du temple.

C'est en réglant intérieurement chaque individualité, par la discipline qu'il institue, que le régime chrétien, fait remarquer Auguste Comte, arrive à rallier les diverses personnalités auxquelles il s'adresse, et cela, par la similitude des dispositions qu'il suscite en chacun. Le régime antique, au contraire, réglait en ralliant, en faisant naître des dispositions convergentes d'après le but assigné à la communauté des efforts. Sous un tel régime, la culture morale résultait de la pratique même des devoirs généraux auxquels chacun était soumis, avant qu'aucun enseignement en eût démontré la nécessité. C'est ce qui se pratique encore, comme on le sait, dans l'éducation du premier âge, qui doit être toute d'obligation et d'imitation.

En instituant la culture morale, le régime qui succéda à celui de notre adolescence posait du même coup le plus grand de tous les problèmes, celui de l'unité humaine. Aussi, un tel régime, indépendamment de son efficacité morale, devint-il éminemment favorable à la culture de nos hautes facultés mentales.

On voit quelle révolution dut s'opérer dans le cerveau humain par le seul fait du passage du régime antique à celui qui lui succéda. La culture de nos plus hautes facutés se trouve dans ce passage à jamais instituée, et à quelque consécration qu'elle reste désormais soumise, elle ne devra pas moins avoir pour effet de faire prévaloir nos meilleurs instincts sur notre égoïsme natif. Chacun peut ainsi concourir au bonheur de tous.

En se plaçant à ce nouveau point de vue, la prière, qui n'a été d'abord qu'une demande intéressée, va prendre bientôt un tout autre caractère, surtout chez les natures

élevées, où elle perdra de plus en plus son aspect égoïste.
L'expression qui la caractérise chez les mystiques montre
l'étendue de cette transformation. La méditation en
devient, en effet, la partie essentielle; elle institue un
commerce intime et continue entre le croyant et sa divinité. C'est dans ce commerce que se manifeste au chrétien, dans la contemplation des divers attributs divins, les
conditions de notre unité cérébrale, tant morale que
mentale.

Lorsque la méditation s'élève à ce précieux résultat,
elle ne fait que préparer l'effusion de nos meilleurs sentiments. Le positivisme montre la révolution ainsi ac-
complie chez les âmes d'élites, en définissant la prière :
une élévation de l'âme vers tout ce qui est digne d'être
aimé. Systématisant la pratique de nos meilleurs prédécesseurs, il en dégagera les deux parties essentielles en
y distinguant la commémoration de l'effusion propre-
ment dite. Celle-ci naturellement préparée par celle-là,
trouve en elle des renseignements et des stimulants
précieux, sans lesquels nos meilleures dispositions sentimentales n'aboutiraient qu'au vague ou à l'agitation.

Il y a lieu maintenant de faire remarquer que sous le
régime de notre maturité, les deux parties constituantes
de la prière changent de caractère, sinon de nature. L'objet de l'adoration étant pour le chrétien essentiellement
fictif, la commémoration devait aboutir chez lui à la cons-
truction de son type mystique d'après les attributs qu'il
lui supposait. Elle préparait ainsi la manifestation d'une
image finale, qui, chez certaines natures et dans certaines
dispositions de cœur, pouvait acquérir l'intensité de la
réalité. Il n'était pas rare, en effet, de voir la méditation,
lorsqu'elle était poussée un peu loin, produire de véritables hallucinations, parfois aussi dangereuses pour l'esprit que pour le cœur.

L'Humanité se révélant au contraire à chacun de ses
croyants par ses produits, son existence est toujours manifeste et ne saurait jamais être mise en doute. Aussi,
pour ses fidèles, la première partie de la prière conser-
vera-t-elle un caractère simplement commémoratif. Le

champ de son action étant toujours bien délimité, et ses divers attributs, bien connus, l'image qu'éveillera la commémoration se manifestera toujours sans efforts et l'esprit n'aura, le plus souvent, qu'à reproduire un type rendu familier à chacun de ses adorateurs. L'effusion sentimentale s'effectuant en ces conditions sera plus complète, en raison même de la netteté des souvenirs et des émotions qui l'auront préparée. On voit que si pour le dévot chrétien la commémoration fut la partie la plus décisive de la prière, pour le positiviste l'effusion en devient la chose prépondérable et, par suite, la plus salutaire.

Cette digression va nous permettre de fixer le véritable caractère du culte nouveau.

Il ne saurait y être question bien entendu de sacrifice, bien qu'en forçant l'analogie on puisse lui conserver encore ce caractère. Tout ce long passé ne fut-il pas un continuel sacrifice offert au salut de tous. A quel prix notre espèce a t-elle triomphé de notre égoïsme natif! Que de larmes versées, que de souffrances endurées, que de sacrifices ont marqué chaque pas fait dans cette longue succession d'événements, qui devait finalement aboutir à l'épanouissement de tout ce qu'il y a de grand et d'élevé dans notre nature! Mais de telles considérations ne sauraient seules absorber nos préoccupations ; la vie se présentera à nos descendants sous un aspect plus calme, moins tourmenté. A la reconnaissance pour les services reçus succéderont de nobles élans d'amour, et l'adoration du Grand-Etre, résumant l'ensemble du passé et de l'avenir, nous rappellera à la fois toutes les phases de son histoire et le but constant de ses efforts.

De cette adoration, dont le caractère ne saurait rester indécis, se dégageront naturellement les deux principales parties du culte nouveau. Ici encore, comme dans la prière privée, il faut que la commémoration de tout un passé digne de notre admiration et de notre gratitude, vienne préparer l'effusion des nobles sentiments destinés à nous rendre plus aptes à l'accomplissement des devoirs qu'impose à chacun toute vie collective.

Vers les derniers siècles du moyen âge, le culte chrétien lui-même sembla prendre ce nouveau caractère, par la substitution chez tous les méridionaux du culte de la Vierge au culte de Dieu. En remplaçant l'idéal filial, l'idéal maternel, en raison même de la substitution d'un type plus humain au type mystique, devait susciter un élan plus spontané de sentimentalité. Ce fut là un véritable progrès, en même temps qu'un grand pressentiment de l'avenir.

Entre les deux parties fondamentales du culte public, une troisième partie se place naturellement. Après que la commémoration a ouvert les cœurs à de nouvelles émotions, avant même que l'effusion ait transporté les âmes, il convient de rappeler le but commun de tous les efforts. Tel sera l'objet de la communion.

Ce sont là les trois parties essentielles du culte public. Mais il importe que toute réunion dont le but est bien déterminé, soit précédée d'une introduction qui en marquera la nature et qui, dans le cas présent, prendra le caractère d'une véritable invocation. Enfin, si l'effusion sentimentale a produit tous ses effets, elle devra, pour affermir les cœurs, susciter de salutaires résolutions. D'où la nécessité d'une dernière partie, où aux chants d'allégresse succéderont des formules de résolution prononcées d'abord par l'officiant et répétées avec le rhythme qui leur convient par l'assistance. L'esprit, le cœur et le caractère auront été de la sorte successivement éveillés ou stimulés, en vue de l'accomplissement ultérieur des actes de la vie, tant publique que privée.

Telles sont les cinq principales parties de la cérémonie qui réunira chaque dimanche ou jour de fête les serviteurs de l'Humanité. Nous allons présenter maintenant les développements qu'elles comportent.

C'est ici qu'une grande conception d'Auguste Comte va recevoir une belle application. L'incorporation du fétichisme au positivisme marque un pas décisif dans la carrière du grand novateur. Elle se trouvait en quelque sorte imposée autant par les convenances sentimentales que par l'obligation où se trouvait le culte nouveau de lier entre elles les conceptions des divers âges de la vie, tant individuelle que collective. L'Espace, la Terre et l'Humanité, tels seront les trois éternels objets de notre adoration.

L'Espace, la plus ancienne de nos institutions logiques, retient les empreintes des êtres au milieu desquels nous vivons pour nous les rendre en quelque sorte au fur et à mesure que nous en avons besoin. On peut naturellement le supposer susceptible de s'empreindre encore de leurs diverses propriétés, qui, pas plus que les êtres eux-mêmes, ne sont toujours présentes à nos sens. Le grand milieu devient ainsi le siège naturel de tous les phénomènes que l'abstraction théorique a séparés des corps.

S'il faut refuser à l'espace l'intelligence et l'activité, nous pouvons, en raison des services que nous en recevons incessamment, le supposer doué de bienveillance, attribut subjectif de toute existence. Dans son inépuisable bonté, ne conserve-t-il pas pour nous les fournir les matériaux de toutes nos conceptions et les mobiles de toutes nos émotions.

La Terre est le siège nécessaire de notre activité, c'est, comme on l'a dit, notre première mère, l'*alma mater* des anciens. C'est d'elle que nous tenons la vie, et que nous sortons ; c'est à elle que nous retournerons et que nous rendrons notre dépouille dernière. Comme l'Espace, il faut la supposer douée aussi de bienveillance. Elle a, en plus, l'activité. Cette activité qui est aujourd'hui aveugle, le cœur peut supposer qu'elle ne l'a pas toujours été. La Terre a pu, en effet, en d'autres temps, manifester des résolutions et les diriger alors qu'elle était intelligente. C'est en préparant l'avènement des êtres vivants et de l'homme en particulier, le plus grand de tous, qu'elle s'est épuisée dans un sublime enfantement et qu'elle a ainsi perdu ses plus nobles attributs pour nous les céder.

Entre la Terre et l'Espace, l'art placera nos deux enveloppes, liquide et gazeuse : l'Eau et l'Air. Tout le passé les a chantées, leur action sur nous est trop directe pour que le sentiment leur refuse une part dans le culte qu'il voue à la nature entière. Mais dans l'Espace viendront encore se placer les astres radieux, nos sœurs les planètes, la lune notre fidèle compagne des nuits, enfin le soleil source éternelle de la vie. Comme à l'Espace et à la Terre, le sentiment leur accordera la bienveillance qui s'ajoutera à leur activité propre.

Préparée par l'antique collaboration du grand milieu et du grand fétiche, l'Humanité apparaît avec ses nobles attributs, le sentiment, l'activité et l'intelligence. Entre la Terre et elle viennent s'intercaler les végétaux, ces laboratoires de notre existence, et les animaux, ces compagnons de nos luttes et de nos labeurs. Ils furent noblement résignés à notre prépondérance, qui contint leur développement.

Tout ce qui vient d'être retracé ici est explicitement indiqué dans l'introduction à la *Synthèse subjective*. Je n'ai rien inventé ni rien innové. Ce qui paraîtra extravagant à ceux qui ne se sont point élevés avec le maître jusqu'au terme extrême d'une grande conception, n'en est, en quelque sorte, que l'épanouissement. Le docteur universel ne pouvait méconnaître ce que la poésie avait depuis longtemps pressenti, ce que de tout temps ont réclamé nos exigences sentimentales. L'amour a toujours rapproché les êtres, et la foi nouvelle n'a fait que céder à son impulsion en s'incorporant le fétichisme, cette religion des premiers temps et des premiers âges, dont l'antique puissance nous domine encore quand la passion s'empare de nous.

Depuis que l'esprit a pris possession de son vaste domaine, les dangers qui pouvaient naître de l'exaltation sentimentale ont disparu. L'imagination, toujours contenue dans les bornes de la réalité, tant objective que subjective, peut donc sans crainte se consacrer à son embellissement, pourvu qu'elle respecte toutefois les conditions du vrai. Donnant au cœur un libre champ, le positivisme n'a fait ainsi que systématiser d'antiques aspirations. Il ne fait qu'obéir, en effet, à l'exemple de nos premiers aïeux, à des tendances naturelles, lorsqu'il anime la nature. Prévoyant les exigences du cœur, il lui communique la bienveillance et l'intelligence sans lui refuser l'activité que les savants seuls lui ont contestée. Entretenues d'abord par notre ignorance première des lois qui régissent notre double nature, nos dispositions fétichiques se manifestent encore, au sein même de la plus complète positivité, quand la passion nous empêche de consulter la réalité, ou que le défaut de renseignements laisse notre cœur hésitant. Il faut donc s'attendre à voir toujours ces précieuses dispositions se manifester à tous les âges de la vie, sous tous les régimes capables de pousser activement à la culture de nos instincts sympathiques.

Les objets qui dans le jeune âge ont éveillé nos meilleures émotions pourront continuer de la sorte à les éveiller encore, lorsque nous nous trouverons vis-à-vis de ces premiers témoins de notre existence. Ils conserveront ainsi leur précieux privilège alors même qu'ils nous apparaîtront sous un autre aspect, pourvu toutefois que la filiation des temps et des lieux ne soit pas rompue ou méconnue. C'est ainsi que la religion de la maturité pourra toujours absorber celle de l'enfance, comme elle s'est substituée progressivement à celles des âges intermédiaires de notre existence collective.

Après ces diverses explications, on comprend que l'introduction à la cérémonie positiviste doive s'ouvrir par une invocation à l'Espace, dont la bienveillance s'étend toujours sur chacun de nous, en conservant pour nous les rendre les images chères à nos affections et les phénomènes eux-mêmes que la sagesse humaine a dû séparer de leurs sièges concrets. L'invocation s'étend ensuite aux astres, ces témoins séculaires de notre antique histoire, pour s'élever ensuite à la Terre, notre première mère. Le culte que nous rendons à la Terre ne doit jamais se séparer de celui qui s'adresse à nos deux enveloppes fluides, l'air et l'eau, que toutes les vieilles théogonies, avons nous dit, ont chantées, et que la reconnaissance humaine glorifie en les considérant comme la source inépuisable de toute existence et de toute activité. Notre reconnaissance s'étendra aussi aux végétaux et aux animaux ces laboratoires de notre alimentation, ces compagnons de nos travaux.

Quelque étrange que puisse paraître ce que nous venons

d'exposer, aux natures réfractaires à tout entraînement sentimental, il est facile de leur montrer qu'on en trouve déjà les rudiments dans le passé. Pour le Franciscain qui tenta la régénération d'un monde déjà épuisé, l'amour ne connaît pas de bornes. L'univers, sous sa naïve inspiration, va s'animer pour célébrer la gloire et la bonté du Maître commun. Nous assistons ici à un retour complet au fétichisme primitif. Son cantique aux *Créatures et à notre frère le soleil* est un sublime pressentiment de ce qui sera consacré six siècles plus tard par le génie philosophique sous la stimulation du sentiment. (*Voir le cantique ci-contre.*)

Après l'invocation initiale, dont nous venons de montrer les divers aspects, la cérémonie positiviste se continue par la commémoration sociale. Elle doit naturellement rappeler les grandes phases de l'évolution humaine.

C'est ici le lieu de rappeler une grande loi logique à laquelle se sont empiriquement conformés tous les mystiques et dont Auguste Comte, à qui elle s'est aussi révélée dans le cours de la prière, a fait une véritable institution. Pour raviver nos souvenirs, et, par suite, pour préparer l'effusion sentimentale qu'ils doivent provoquer, il est indispensable de déterminer préalablement le lieu où doit s'accomplir toute action. Placée alors dans le milieu qui lui convient, l'image évoquée acquiert plus de netteté et plus de précision. L'invocation à l'Espace et à la Terre qui ouvre la grande cérémonie du dimanche prend ainsi un caractère nouveau dès qu'on accepte l'obligation imposée par la règle que nous venons de signaler. Ce n'est donc pas seulement comme une introduction à une grande scène religieuse, qu'il faut dès lors l'envisager, c'est aussi comme moyen de construire le milieu à la fois subjectif et objectif où se développe la grande existence que la commémoration va évoquer. Après les invocations initiales l'Humanité apparaîtra à tous sur le théâtre de son action séculaire, entourée des agents animaux ou végétaux dont le concours lui fut si nécessaire pour prendre possession de son domaine, et y asseoir définitivement son empire.

CANTICO DE LE CREATURE

COMMUNEMENTE DETTO

DE LO FRATE SOLE

1° Altissimo omnipotente bon Signore :
   Tue son le laude, la gloria et l'onore,
   Et ogni benedictione :
   A te solo se confano :
   Et nullo homo è degno di nominar te.

2° Laudato sia Dio mio Signore
   Cum tutte le tue creature,
   Specialmente Messer lo frate Sole :
   Lo quale giorna et illumina nui per lui,
   Et ello è bello et radiante cum grande splendore :
   De te Signore porta significatione.

3° Laudato sia mio Signore per sor luna et per le stelle :
   In celo le hai formate clare et belle.

4° Laudato sia mio Signore per frate vento
   Et per l'aire et nuuolo et sereno et omne tempo :
   Per le quale dai a le tue creature sustentamento.

5° Laudato sia mio Signore per sor aqua :
   La quale è multo utile et humile et pretiosa et casta,

6° Laudato sia mio Signore
   Per frate foco, per lo quale tu allumini la nocte :
   Et ello è bello et jucundo et robustissimo et forte.

7° Laudato sia mio Signore per nostra matre terra :
   La quale ne sostenta et guberna,
   Et produce diuersi, fructi coloriti fiori et herbe.

8° Laudato sia mio Signore
   Per quelli que perdonano per lo tuo amore
   Et sosteneno infirmitate et tribulatione :
   Beati queli que sostenerano in pace :
   Che da te altissimo serano incoronati.

9° Laudato sia mio Signore per sor nostra morte corporale :
   De la quale nullo homo vivente po scampare.
   Guai a queli que more in peccato mortale.
   Beati queli que se trouano ne le tue santissime volontate.
   Che la morte secunda non li porà far male.

10° Laudate et benedicite mio Signore et regratiate :
    Et seruite a lui cum grande humilitate.

La durée de la commémoration devra être plus longue que celle de l'introduction.

Celle-ci est invariable, celle-là comporte de nombreux changements. La commémoration se composera d'une première partie, toujours fixe, qui fait en quelque sorte le fond de la cérémonie, et d'une partie mobile qui s'adresse au type spécial qu'on veut glorifier, suivant les indications du calendrier abstrait. Dans la partie fixe, c'est l'évolution humaine qui doit se dérouler dans la succession de ses principales phases. La poésie se chargera de présenter sous les images les plus saisissantes, cette longue progression à travers les temps. La partie mobile est consacrée à la glorification d'une période ou d'un type spécial de l'histoire de l'Humanité. Ainsi, en célébrant, par exemple, la fête des animaux dans le mois consacré au fétichisme, on introduira à leur égard un épisode spécial, qui pourra toujours se prêter à d'intéressants développements, soit poétiques, soit musicaux. On en dira autant de la fête du Fer, de celle de l'Art, des Chevaliers, etc. (*Voir le tableau sociolatrique*).

Nous ferons remarquer que ce que nous indiquons ici est, à quelque chose près, pratiqué par l'Eglise catholique, qui modifie pour chaque fête le canon de la messe afin de pouvoir honorer plus spécialement tel ou tel saint, ou, encore, pour célébrer telle ou telle institution. Le Moyen Age, moins dominé que nous par la règle, introduisit quelquefois dans le cours de la messe des épisodes variés, dont la forme, souvent étrange, ne rappelait pas moins la nature de l'intention. Son sacerdoce, qui n'avait pas encore à se défendre contre les influences dissolvantes, s'était prêté à bien des innovations que lui imposait la sentimentalité de l'époque. Qui ne connaît, entre autres, la messe de l'Ane, où de graves personnages venaient honorer l'humble animal qui de son souffle réchauffa l'Enfant-Dieu.

Comme nous le faisons remarquer, la messe catholique, bien qu'ayant principalement en vue le sacrifice, ne consacrait pas moins une de ses principales phases à la commémoration de certains événements spéciaux, elle avait ainsi, une partie toujours fixe et aussi une partie qui variait suivant le type qu'elle voulait plus spécialement célébrer.

Toutes les considérations précédentes, qu'il est inutile d'étendre davantage, montrent suffisamment quel vaste champ s'ouvre à l'art dans la cérémonie hebdomadaire destinée à se substituer à la messe catholique. L'esprit philosophique pourra facilement établir entre les deux cultes une filiation directe. Il n'est point de grandes institutions, quelque originales qu'elles paraissent, qui n'aient point d'ant cédents, qui n'aient été ébauchées sous une forme quelconque par le passé. Comme on le voit, d'après l'exposition à laquelle nous venons de nous livrer, chaque fête, sous le culte nouveau, pourra donner lieu à des œuvres très variées, où l'imagination, définitivement placée au service de nos mobiles les plus élevés, recevra sa meilleure culture et son plus entier développement. Toutes les représentations théâtrales, lyriques ou autres, pourront disparaître sans aucun préjudice pour l'art, et se fondre dans le culte de la bonne Déesse, qui absorbera ainsi tout ce qui sera digne de survivre dans les productions du passé.

A la commémoration succède, avons-nous dit, la communion. Elle consiste dans une action commune dont l'officiant fixe la nature; elle doit aboutir à l'adoration. C'est à la Vierge immaculée, condensant en sa personne tous les attributs humains, qu'elle s'adresse. Quelques développements sont ici nécessaires.

Toute synthèse comporte naturellement un résumé qui en rappelle les divers aspects. Lorsqu'elle embrasse nos sentiments, nos pensées et nos actes, elle constitue ce que, de tout temps, on a qualifié de religion. La synthèse catholique se résume dans le mystère eucharistique, qui rappelle les trois parties de la religion, culte, dogme et régime, bien qu'incomplètement. Le mystère échappe sans doute à toute démonstration et n'appartient pas à l'ordre réel; mais il a toujours l'avantage de présenter dans une image exagérée toutes les conditions d'un grand phénomène.

Une religion positive ne saurait, bien entendu, admettre le mystère ; elle le remplace par l'utopie. Mais telle que la conçoit une religion basée sur la démonstration, l'utopie ne peut être que l'amplification des conditions du vrai, dont elle respecte la succession. C'est en quelque sorte la limite extrême de la réalité, et comme le dirait un géomètre, elle en est l'asymptote.

En élevant la femme sur l'autel de l'Humanité, suivant les pressentiments féodaux, le positivisme condense en elle, dans une sublime conception, les divers aspects de l'éternel problème du bonheur humain. Il montre le triomphe définitif de la sociabilité sur la personnalité, but constant de tous les efforts.

La Vierge immaculée du plus grand des novateurs, peut mieux que le Dieu offert chaque jour en sacrifice, représenter les trois parties de la religion. Sa sainte personne, dans l'exceptionnelle transformation qu'elle a subie, rappellera toutes les phases de la grande lutte d'où le sentiment est sorti, dégagé de toutes les souillures de l'animalité. Cette transformation extrême pourra aussi nous montrer toutes les phases de cette longue élaboration, commencée dès nos premiers pas dans la vie et qui s'achève de nos jours en fixant les conditions d'un bonheur jusqu'ici vainement poursuivi. Le but final de toute existence se dégage de la sorte de la contemplation d'un organisme où chaque amélioration obtenue marque un pas de plus dans la réalisation de nos meilleures conditions d'existence. C'est l'Humanité tout entière avec son passé et son avenir, qui se révèle ainsi à nous dans la vierge immaculée, chez qui les deux attributs, tendresse et pureté, restent désormais inséparables. Placée sur un tel piedestal, la femme nous apparaît comme la dispensatrice de tous les dons. Ainsi que l'a dit un poète, elle devient le monde de la grâce.

Si le catholicisme a hautement proclamé, dès ses débuts, que par lui-même l'homme ne peut rien sans un secours extérieur, sans une grâce spéciale qu'il fait émaner d'en haut ; le positivisme, fidèle observateur de la nature humaine, se place, lui aussi, sur le même terrain et proclame, plus hautement encore que ses derniers prédécesseurs, que l'homme livré à lui-même n'est que le jouet de ses passions, qu'il n'est quelque chose que par l'assistance continue de ceux qui ont vécu avant lui. Il nous le montre dans le sein maternel dominé déjà par la grande loi de l'hérédité, qui en fait un être exceptionnel parmi les êtres doués de vie. L'éducation ne fera que développer les germes de ce qu'il apporte en naissant, et contenir ou transformer tout ce qui peut rappeler son origine animale. S'il a quelque mérite, c'est d'avoir cultivé ces précieux dons, d'où sortiront les grandes résolutions qui nous différencient de nos auxiliaires animaux. C'est par ces dons que nous arrivons à la vraie liberté, que le caprice et le vice n'ont jamais connue. Tel est, disons-le, l'enseignement quotidien que chacun trouvera dans la contemplation de la vierge sans tache, dont la sainte image reflétera toujours les vraies conditions du bonheur humain.

Comme on le voit, c'est sur le terrain de la grâce que nous nous retrouvons désormais placés, ainsi que nos derniers prédécesseurs. La femme en est, disons-nous, la source et tout dans son mystique organisme où le sentiment est devenu l'éternelle loi, nous rappelle le triomphe de nos meilleurs instincts sur notre égoïsme natif.

Ceux, qui pourront s'élever au point de vue où nous devons rester désormais placés, verront quel parti l'avenir peut tirer d'une telle conception pour son culte.

C'est l'officiant, avons-nous dit, qui préside ici à la communion des fidèles. Dans le culte catholique la communion est devenue une action à laquelle le prêtre et les fidèles s'associent, par la manducation, qui rappelle le sacrifice primitif et qui dans la doctrine paulinienne les rend participant à la nature divine.

Pour être différente sous le culte nouveau, l'action n'existe pas moins. L'officiant de la grande aire elliptique où il s'est placé dès la fin de la commémoration, s'élève graduellement jusqu'aux pieds de la vierge immaculée. Là, il prononce les paroles sacramentelles qui formulent l'utopique transformation et rappellent la dépendance de tous envers le passé et l'avenir.

L'Église catholique dans la communion des fidèles, n'a fait qu'ébaucher une institution à laquelle l'avenir réserve une large destination. Ce sont des grâces nouvelles que va demander le fidèle lorsqu'il s'approche de la table sacrée, et la manducation eucharistique le rend, suivant la formule mystique, participant au corps et au sang de l'éternelle victime. Mais, sous ce symbole, le philosophe verra toujours une grande préparation morale que le culte nouveau doit conserver en la systématisant. En conséquence, le fidèle s'associera à l'officiant pendant qu'il prononce les paroles sacramentelles, et renouvellera l'engagement de vivre pour autrui, qu'il a déjà pris chaque fois qu'un nouveau sacrement lui a été conféré. C'est à devenir participant à la nature du grand organisme qu'il aspirera, en se donnant pour but de se dégager, autant que le comporte sa nature, de tout ce qui tient à son origine animale. L'utopique transformation, que rappelle la vierge-immaculée, résumera pour lui le grand problème poursuivi par ses prédécesseurs sous des formules diverses.

L'effusion succède naturellement à la communion. Les paroles sacramentelles prononcées par l'officiant, autant que le renouvellement des vœux auquel chacun s'est associé, ont ouvert les cœurs aux plus salutaires et aux plus douces émotions. C'est maintenant à l'art à continuer la cérémonie. Comme la commémoration, cette autre phase du culte se décomposera en deux parties, l'une fixe et l'autre mobile. Celle-ci variera, comme la partie correspondante de la commémoration, suivant le type ou l'institution qu'on célébrera plus spécialement.

Après l'effusion du haut de la position qu'il est venu occuper sous la statue de Saint Paul, au milieu des grands types qui l'entourent, l'officiant prononcera les formules d'action de grâce et au nom de tous prendra des résolutions nouvelles. L'art par des chants appropriés à l'état des âmes remplira cette dernière phase d'une cérémonie où toutes nos plus hautes facultés, le cœur, l'esprit et le caractère auront successivement trouvé une noble culture et de nouveaux stimulants.

La foule s'écoulera ensuite pleine de recueillement et animée des meilleures résolutions.

Dans tout ce que nous venons d'exposer, il est possible que des esprits peu habitués à l'abstraction philosophique ne voient qu'une imitation des pratiques mystiques du catholicisme. Ceux qui savent distinguer la forme du fond, l'institution de la consécration, y verront une haute préparation morale, dont le catholicisme a eu l'initiative, il est vrai, mais que la religion définitive doit consacrer et développer. Ainsi, il sera toujours bon que chaque année, à l'exemple de nos derniers prédécesseurs, tout vrai croyant se replie sur lui-même et fasse son examen de conscience, qu'il passe en revue tout ce qu'il a fait dans l'année écoulée, et prenne de nouvelles résolutions.

Ceux qui sentent la nécessité de la prière, de cette élévation de l'âme vers tout ce qui est digne d'être aimé, ainsi que la définit Auguste Comte, admettront sans peine l'utilité de la pratique annuelle que recommande ici le positivisme. Il leur sera facile de voir aussi, qu'elle ne peut devenir vraiment efficace que tout autant qu'elle a reçu une consécration religieuse.

Chercher l'absolution des fautes commises est pour les natures honnêtes une chose toute naturelle, que la religion de l'Humanité doit également sanctionner. Dans l'adolescence de notre espèce, la confession et l'obligation qui en était faite à chacun étaient choses aussi légitimes que rationnelles. Il y avait nécessité alors de diriger des natures, trop faibles encore ou trop passionnées, pour qu'on pût attendre d'elles une saine appréciation des mobiles de leur conduite. Dans notre état de maturité, on pourra s'en rapporter à chacun pour tout ce qui concerne le jugement qu'il devra porter sur ses actes, quand il en aura accepté l'obligation. Un tel jugement sera naturellement d'autant plus efficace qu'il sera plus réfléchi; aussi devra-t-il être toujours écrit. Ceux qui ont l'habitude de vivre au grand jour ne redouteront pas le contrôle de la postérité; ils ne craindront pas de lui laisser un témoignage de la régularité de leurs actes, et de leur respect pour elle, en cherchant par de nobles aveux à mériter son pardon. Auguste Comte, qui avait institué cette pratique, s'y est toujours religieusement conformé.

En consacrant la prépondérance du cœur sur l'esprit et même sur le caractère, le positivisme devait accepter du régime qui l'a précédé toutes les pratiques destinées à assurer notre culture morale. Il n'était tenu qu'à une chose en les adoptant, c'était de les dégager de leur consécration théologique. Ce que nous devons faire aujourd'hui avec connaissance de cause, c'est-à-dire systématiquement, fut presque toujours fait empiriquement et de confiance par nos prédécesseurs. La religion de l'avenir ne vient pas rompre la filiation des âges, elle vient au contraire la consolider. Pour tout véritable penseur, le grand problème institué par saint Paul, il y a dix-huit cents ans (1), est précisément celui que reprend de nos jours le positivisme. La solution provisoire qu'il reçut du novateur chrétien ne fut qu'un noble pressentiment de celle que lui donne désormais une science, qui, se dégageant de ses prolégomènes naturels, s'élève enfin jusqu'au domaine social et moral.

---

(1) Voir notre notice intitulée Saint Paul et l'Eucharistie.

Imp. Nouvelle (assoc. ouvrière), 11, rue Cadet. — 17608.